JN440164

# 세상이 참 조용하다

그루 현대시인선 16

# 세상이 참 조용하다

구양숙 시집

그루

## 시인의 말

세월을 붙잡아 둔 듯
천날 먹고 만날 놀다가
머리에 꽈리가 생겨 병원에 붙들려 갔다.
밥때가 지나면 모기 한 마리 못 보는 병실에서
묵은 글들을 생각했다.
급하게 책으로 묶으며 깨달은 건
내가 그리 쉽게 잘 죽지 않는다는 것.
지금부터 쭈욱 신나게 놀 일만 남았으니
행복하다.

2018년 가을
구양숙

# 차례

## 제 2 부

## 제3부

## 제4부

# 제 1 부

# 젊은 날

하늘이
어두어두해지더니
송사리만한 구름
서너 개만 남았다

생긴 대로
온몸을 쭉 뻗고
날개 가지런히 펼쳤던
깃털구름하며
파란 하늘이
금세 사라졌다

이럴 줄 알았으면
미리
한 조각 오려 둘 걸
참 잘못했다

# 세월은 간다

이레를 앓고 나서
머리를 빗는데
한 주먹 잡혀 나오는 머리카락
딱 그만큼 가벼워진 몸으로 문을 여니
약에 찌들어
치켜뜨기도 힘든 눈에 들어오는
나뭇가지,
울툭불툭 터지는 꽃눈
봄이 왔다, 나 없이 꽃도 폈다

# 산벚나무

사람 자취 끊어진 무성한 수풀을
안개만이 솟았다 내려앉았다
이 봉우리 저 봉우리를 타넘었다

바람마저 자는
비 게으르게 내리는 날

풍경이 아주 잠깐 조심스레 흔들리다
제풀에 놀라 멈추고

마주 앉아 혼자인 듯 고적한 법당에
나무가 들어와 앉고 새들이 따라와
한 매듭으로 묶이지 않는 맘이 어지러운데

고단한 기도 보다 못해
흔적 없이 가벼워진 몸으로 산을 넘어가는
아미타여래

두 발에 뿌리내린 듯 합장하고 선
늙은 공양주 보살
올해는 꽃이 참 많이도 왔다고

# 저무는 나이

꽃이 귀한 계절에
수레 위에 널린 장미는
보는 것만으로도 축복이다
줄장미 황홀하던 오월
그 아찔한 향기가
생각하면 참 아득도 한데
김 서린 창에 써 보는 오래된 글귀
—소리쳐 부를 수도 없는
 이 아득한 거리에
 그대 조용히 나를 찾아오느니……
어스름 저녁
눈 오는 뒷골목 어디쯤에서
남편은 얼굴이 붉겠다
가난한 지갑 속에 접혀 있을 연말정산서
한 해가 바뀌고 새날이 온다는 건
레이스 화려한 속옷 낡아가듯
남모르게 부끄러운 일이 쌓여 가는 것

# 모를 일

추석이 낼모렌데
어쩌자고
호박꽃은 자꾸 피는지
그 틈서리를 비집고
악착스레 감겨 오르는 나팔꽃
조 작은 씨앗이야
무데기 얼마 안 돼 곧 여물 테지만
늙은 놈 몇 차례 따낸 밭에서
철모르고 피는 노란 꽃이 참 딱하다
서리 생각 않는 어리석음이
사람이나 미물이나 다를 데가 없다

# 버려진 것들은 강하다

꽃 폈다 진 자리
꼬투리 달리고 씨 여물고
그 꼬투리
어느 날 탁 터져 씨앗들 날아가고
흙에 누운 씨 하나 눈 트고
다시 싹 트고 잎 나면서
꽃봉오리 맺고
꽃 피고 또 피고
저희끼리 어깨 얼싸안고 씩씩한 아가들
엄마가 돌보지 못해도
잘도 어우러져 피고 지는
우리 집 초롱꽃

# 잡풀

뭘 해도
죽으려고 맘먹은 놈은 어쩔 수가 없어
말라죽은 자리
싹 하나 돋아나더니
자라서 이파리 두 장이 넉 장이 되고
여섯 장이 됐다
넓은 자리에 제 맘먹은 대로
소록소록 크는 걸 보는 재미도 꽤 괜찮아
그냥 두고 보기로 한다
흔하니까 잡초라 했겠지, 그랬겠지만
그래도 이름만은 이뻐서
오랑캐꽃

# 대승사 가는 길

막 모내기를 끝낸 논에
새 한 마리 섰다
눈 밑 푸르스름한 중대 백로
저기 무엇이 있긴 하나?
긴 모가지를
외로 꼬고 선 쓸쓸한 뒷태
얼마나 먼 곳에서 날아와
저리 기다리고 섰는가
집으로 가기도
그냥 머물기도 맘 안 내켜
망설이는
갈 길 먼 나를 붙드는
흰새 한 마리

# 유등지

서리 막 내릴 무렵
내 손에 넘어온 연밥 한 다발
따뜻한 맘도 같이 와서
바람 맞으며 시들더니 새카맣게 말라 버렸다
이천 년도 더 넘게 살 목숨이 깃들었다는
조그맣고 딴딴한 열매
봄이라 꽃 천지를 헤매다가 와서
흙물에 한 번 담가 볼까 맘먹어 본다
떠나간 사람 돌아선 그 마음을
이제는 견딜 것도 같으니
새잎 나면 편한 맘으로 볼 수가 있으리라
생각만 해 보며

# 갈대

가느다란
풀 줄기 끝에
흔들리는 물새 꽁지

자는 듯 흐르는 강
노을 한 자락 물어 올리며
새가 울고 있다

어두워지는 하늘 저쪽
사라지는 희미한 저녁 연기가
그 울음에 감겨든다

안으며 쓰러지며
바람에
목숨까지 실은 풀잎

강 한 자락 목에 감고
소리 죽여 울고 있다
날이 저문다고

# Coolpix p900s*

칠십에
샛서방 하나 얻었더니

볼일은
시죽시죽 흉내만 내고
잔다
그냥 내쳐 잔다

끼니때마다 고봉밥
입 미어터져라 먹고
트림하며 배 두드릴 때
알아봤어야 했는데

그거 말고는 지 좋아하는 게
아무것도 없었던 것을

*니콘 카메라

# 원죄

긴 신호를 기다리다
문득 눈에 들어오는 가로수
올려다보니
조롱조롱 한없이 달려 있는 은행

둥치는
껍질까지 벗겨져 아픈데
여름내 물 한 번 안 준 인간들이
발로 차고 막대기로 휘두른 자국이다

말 없는 나무
새끼 품은 것이 무슨 죄라고

말짱한 내가
부끄러워 얼른 길 건너간다

# 은해사 가는 길

햇볕이라고
기억할 수 있는 것이
얼마쯤 남아서
물과 함께 흔들리고 있다
힘이 빠진 대신 깊어진 그것을
무어라 불러야 할까
펄펄 뛰던 싱싱한 제 모습을 버리고
조용한 산
물마저 가만가만 흐르는데
한기에 몸 떨고 서서
어쩌겠는가, 여기까지 밀려왔으니
해 오던 대로 그저 걸어갈 밖에는
별수가 없다
산다는 일 새롭게 아는 여자
저무는 풍경에 눈 젖으며
물처럼 지나가자고
가만가만 흘러가자고
하염없이 서 있다

# 비겁해지는 이유

어제는 비가 왔고
오늘은
골짜기에 물 콸콸 내려가고
산은 가면
그냥 덥썩 안아 줄 것 같고
안 되는 게 하나 없는데
이 좋은 꼴 다시 못 볼까
그게 젤 겁난다

# 가을이 온다, 살맛 나세요?

잠 덜 깬 눈에 들어오는 산이
새삼 깨끗해 보일 때

걸어가는 돌담 아래
인동꽃 떨어져 시들고 밟힐 때

헤어지고
그 발자취 미처 끊기기도 전에
가슴에 고이는 보고 싶은 맘
공연히 오래 갈 때

고요한 절간 오층 전탑
칸칸이 오르내리며 나를 보는
다람쥐 까만 눈을 볼 때

생각하라

이 지겹고 싫은 여름이 가고
가을이 온다고

선들선들한 바람같이 오는
하늘 푸르러 끝 간 데 없는
진짜 가을이 온다고

# 비 내리는 날

두 남자가
우산 쓰고
아파트 마당을 가로질러 가고 있다

우산이 미끌어지도록
손짓이 바쁜데
유리창 이쪽에서는
그냥 말갛게 걸러진 풍경으로만 와 닿는다

비에 젖은
붉은 건물 앞을
조용히 수녀님 지나가고
눈 대신
조심조심 내리는 겨울비

그 많은 비둘기들은 어디로 갔나
세상이 참 조용하다

# 비 오는 버스정류장

확률 삼십 퍼센트의 일기예보도
기막히게 맞을 때가 있다
번개까지 불러와 비 퍼붓는 버스정류장에서
내리는 사람들을 보며
써도 써도 마르지 않는
기막힌 주머니 하나 있어 젖은 어깨마다
우산 하나씩을 들려보냈으면 싶다
어두워진 거리를 험한 몰골로
버스는 달려와서 곤두박질치며 달아나고
그때마다 사람들은 쏟아지는데
귀밑머리 허연 남편도 아이도 이런 날은
내 겨드랑이에 꼭 끼고
비바람 먼 둥우리에 보듬고 있었으면 좋겠다
아끼는 것이 많다는 것은 서러움도 진하다는 걸
비에 젖으며 느끼며

# 지산에 내리는 눈

나트륨등이 밝히는
딱 그만큼의 동그라미 속으로
햇빛 속 먼지처럼
뱅뱅 돌며 눈이 내렸다

사람들은 굼뜨게 길을 건너고
지붕에 눈을 얹은 차들은 기듯이 사라져 갔다

자욱한 눈발 속에
산은 고요하고
그 산에 자리 잡은 촘촘한 무덤들이
저마다 문 열고
길로 내려올 것 같은 그런 밤

징그럽게 툭툭 불거진
높은 집들 희부옇게 사라지고
칸칸이 들어앉아 밥 먹고 술 마시고
더러는 울기도 하며
싸움에 골몰하던 인간들 그 소리까지 다 덮는데

눈보라 속에서 반짝이는 붉은 십자가

—수고하고 짐진 자들아, 다 내게로 오라

모두가 죽었는데
홀로 깨어
그분은 우리를 부르고 계신다

# 겨울 풍경

대추나무에 걸린
방패연 하나

하늘로 가는 꿈을 꾸면서
겨우내 펄럭이고 있다

아침 비에 젖어
먹물처럼 부드러운 가지 끝에

똑 그만큼 세상 구경을 한
아이 하나
같이 펄럭이고 있다

# 해맞이

늦은 저녁 차 안
반대편 길은
바다로 가는 사람들로 넘쳐났다
새해까진
아홉 시간이 남았네요
라디오에서 흘러나오는 명랑한 인사
주소가 바뀌어 연락마저 아득한
생각나는 몇몇
새해 새 아침을 같이 볼 사람도 없고
은하수 장식 화려한 공원 나무 아래
같이 걸을 사람도 없는 쓸쓸한 저녁
어제 뜬 해 내일 다시 뜰 건데
그게 뭐라고
목에 힘줘 보지만 그래도 눈물은 난다

# 제 **2** 부

# 동대구발 14시 28분

돌아서 가라는 걸
가는 거나 본다고 따라와서는
또
앉아 가는 자리를 봐야겠다고
새끼손가락 하나로 떼를 쓰고 섰다
대합실 목책 너머엔 꽃 그림자 어지러운데
치렁하니 낮달이 잠긴 당신의 눈에
하얗게
하얗게 지고 있는 꽃
유리창에 내리는 나무 그림자 보며
우리는 그냥 서 있다

# 강물 같은 사랑

사람의 힘으로는
할 수 없는 일이라고
고개 숙이고 돌아선다

물이 흘러가는 것을 어찌 바꾸랴

목이라도 꺾을 듯 눈바람은 세차고
틀린 걸음이라고
알면서도
다시 와 어리석은 내가

당신 닮은 강물에 손 담그며 허전한
오늘은
눈 내리는 일요일, 내일은 경칩

# 맘 밑바닥

벌써부터
가려고 몸이 단 사람
내 손으로 돌려보내고
하루가 지겹고 한 달도 길다
허전한 맘으로 시장 거리를 헤매다
긴 것 짧은 것 굵고 가는 것
고루고루 사 모은 목걸이
등 보이고 간 사람 생각나 아픈 날이면
하나씩 걸어보다가
목은 하난데 이걸 다 어찌하나
가만히 저 아래를 들여다보니
다시 누가 오면 그 목에 단단히 감아
영 못 가게 하려던 못난 내가
거기 있다

# 마른 나팔꽃 줄기

마주 앉은 사람이
입도 못 열게 떠들다가
돌아와 문을 열면서 터지는 울음
그저 스쳐 가는 바람이야
묶은 매듭은 건드리지도 않는 게 옳아
달이 해를 덮치거나 해가 달을 토하는
별난 일이라도 생겨야 찾아오는
당신을
무지한 길짐승인 나는 도대체 알 수가 없는데
언제나 어긋나던 만남
자를 수도 풀 수도 없는 이 매듭은
내 뒤에 숨은 나를 영 몰라보는 당신을
아닌 척
그러면서 한없이 기다리다가
절로 툭 끊기는 날 오면
혹 그런 날 오면
안아 주는 당신한테 매달려
못 가게 붙잡을지도 모르겠다, 바보가 되어서

# 립스틱 짙게 바르고

부끄러운 줄도 모르고 울면서
온 도시를 헤집고 다녔다
남의 눈이 따가워
그래도 짙은 선글라스 하나 걸치고
—립스틱 짙게 바르고
　내일이면 잊으리, 잊으리

바라만 보아도 목마르지 않고
배고프지 않던
생각만 해도 하늘이 내게로 내려오고
꽃비가 쏟아지던
나의 사랑아, 나의 사람아
—내일이면 잊으리, 꼭 잊으리

매끄럽고 감칠맛 나던 이별사
발 흔들며
아이처럼 무심히 들으며
언젠가 그때가, 그때가 왔구나
떠나는 너는 잊어라
남은 내 맘엔 무엇이 남을까

—사랑이란 길지가 않더라
  길지 않더라

걸어가노라면
사방 수천 군데서 다가오고 떠오르는
너의 얼굴, 나팔꽃 같은 웃음

두 주먹 쥐고
그래도 걸어가고 있는 내 안에 내리는
여름 비, 여름 소나기
—속절없는 사랑아, 사람아

마지막 선물처럼 잊어 줄 수 있다면
나는 좋겠다 정말 좋겠다

## 우리 아주 나중에

시간이 살같이 흘러가 우리
덤덤하니
이름도 알락말락 그런 나이가 되었을 때
당신
내가 하던 말 한 구절 기억할는지
—지금 어디 계세요? 라던
막막 숨넘어가게 다정하던 목소리
안 잊을 건지
불에 덴 듯 가슴이 타던 때
그때 그 얼굴이 기억 안 나도
입 가리던 흰 손 가만가만 걷던 걸음
그 작은 사소한 것들 토막토막 떠올라
눈 더워 오면, 서로가
참 깊이도 깃들었던가 보다
비로소 알게 될는지

# 보내고 오는 길

울음도 흠이 될까
고개 꼿꼿이 들고 돌아서는데
저무는 천지에 서럽게 밤은 오고
당신이 안아 주던 어깨에
오늘은 무심히
세상의 비가 내린다
끝이 있다면 세상 끝까지 가자
힘주어 잡아 주던 손, 미덥던 목소리
아직 다 식지 않았는데
이제는
아무데도 없는 당신
이렇게 보고 싶으니 어쩌면 좋으냐고
바람에게 따지고 섰다

# 단풍

가다가 돌아서서
또 그 창문을 올려다봅니다
왼쪽에서 세 번째, 오른쪽에서는 네 번째
아래에선 일곱 번째, 위에서는 여덟 번째

고개 젖히고 헤아려 보노라면
그 많은 집들이 내 위로 쏟아지고
별도 쏟아져

소리도 못 내고 깔려 쓰러지면서도
왼쪽에서 세 번째, 오른쪽에서는……

창 안의 그리운 그대
문 안에서도
나무 이파리 어지러운 이 길이
잘 보이시는지

그 잎들 숱하게 떨어져 누운 속에
내 머리에 꽂았던
이쁜 핀 하나 숨은 걸
혹 보고 계시는지

# 옛 그림자

그는 이제
더 이상 나를 보고 있지 않습니다
가끔씩이지만 건너오던 목소리도
이젠 끊겼습니다

같이 다녔던 숲이나 강을 지날 때마다
아직도 마음은 아프지만
그럴 테지 헤아려 주는 나는
빛바래고
향기도 없는 잊혀진 사람이 되었습니다

못 보면 죽을 것 같던 펄펄 끓는 날도 이제는 가고
저무는 나이 끝에 선 지금은
그냥 한 번
길에서 우연히 만나지기라도 했으면

그런 마음만이
새로 떠오르는 초승달처럼
조그마하게 남아 있을 뿐입니다

# 그 공원 나무 아래 그 자리

그곳에 가 보았다
거듭거듭 가 보았다
마음이 서글플 때도 가고
비바람이 부는 날에도 가고
모질게 사람 하나 생각날 때도 갔다
빈 터에 길길이 풀들이 자라고
그 풀들을 디디며 가는 바람
바람이 지나가면 풀들은 다시 일어서고
사람인 나는 내 몸이 무거워
그리 쉽게 서지 못하고
그래서 바람은 다시 오지 않았다
꿇어앉아 가는 길을 막지 못했던
뉘우침으로
돌아오는 발 밑에는
시뻘건 핏물이 강을 이루었지만
아무도, 아무도 그걸 보지 못했다
서랍에서 잠자고 있는
마른 꽃봉오리 하나가 그저 슬펐을 뿐
흔적이 배인 것은
모두 불살라 버리고

칼로 잘라도 끊어지지 않는 기억만이
내 안에 숨어 있다가
가끔씩
아주 귀하게 꿈속에 나타났다
죽음을 오래오래 생각해 보며
그래도 살아서 다시 만나진다면
그랬으면 좋겠다
머리가 허연 나이에도
사랑이란
어리석기 끝이 없었다

# 죄 없는 봄꿈

더 이상
꽃 한 송이 꺾어
내게 주는 사람이 없다
담을 타고 오르다 넘쳐
길로 너울대는 꽃가지 하나
이제는 내가 꺾고 받는다
포대기 둘러 아이 업고
궁둥이 투닥거리며 걸어 봤으면
겨드랑이 밑으로 돌려 안고
젖내 나는 볼 깨물어 봤으면
거무칙칙하게 죽어 있던
묵은 가지도
저처럼 꽃들이 솟아나는데
내가 업고 어르던 아이는
어디로 갔나
이 허전한 시절에
꽃이 폈다고
그 말
헛말이라도 전해 주는 사람 하나 없다

# 가을 길

차로도 반시간이 걸리는 거리를
온몸이 너덜너덜해지도록 걸어온다
시린 가을 하늘
떠날 차림을 하는 나무들
그 나뭇잎 밟으며 더러는 올려다보며
꿈속인 듯 가라앉는 몸
눈 안에 넣어 온 너의 모습
어쩌면 이리 알뜰하게 지워질 수가 있을까
보고 싶어 허기진 맘 끝에
살아나는 서러운 이름 하나
어디로 가야 그리운 너를 보나
길은 끝이 있는데 대답은 끝이 없다

# 거울의 뒤쪽

사다 놓은 지 여러 날 되어
누릇해진 청방배추를 데치려 물을 끓이며
방금 맛보고 온
호텔 커피숍 아이리쉬 원두커피의
기막힌 맛을 떠올린다

시들어 빠져 오백 원 어치도 안 되는 이 배추를
데쳐야 속이 시원한 이유도
생각하는 척해 본다

로마의 휴일을
눈물 철철 흘리며 혼자 본 저녁
아무도 없나
갈비를 먹었더니 이에 낀 게 영 안 빠지네
구시렁거리며 남편은 화장실로 가고

그레고리 팩은 아니더라도
목에 매달리려던 맘이
싹 씻겨 내려가는 변기 물 내리는 소리

흰머리 하나 새삼스럽게 뽑으며
내가 오드리 햅번은 아니지만
당신이 그 남자가 아닌 건 왜 이리 속상한가
그것도 생각하는 척해 본다

## 당신에게 1

이마에 흐트러진 머리칼을
걷어올리려
잠시 손이 건너왔습니다

무심결에
생각 없이 닿았고
그리고 그만이었는데

볕 절절 끓는 거리를 걸어가면
불에 덴 듯
그 자리가 쓰라려 옵니다

세상 온갖 것들이
푸르다 못해
시커멓게 무성한 이 여름에

슬쩍 지나간 손끝에 묻어온
마음까지
헤아리고 앉은 내게

어느 것에다 겹쳐 보아도
투명해져 버리는
맑은 눈빛 하나가
아직 남아 있기 때문입니다

# 당신에게 2

하는 일 없이
동그랗게 앉아 있다
눈앞의 달력을 봅니다

어느새 칠월

꽃비 내리던 봄밤
옷자락 나부끼며 가던 우리는
찢겨져 나간 묵은 종이 속으로
사라진 지 오래입니다

꽃 피었다 진 자리에
나뭇잎 무성하여
이제
사랑이란 걸 조금은 알 듯도 싶은데

금세 잎 지는 때 오니
바람 속에 흩어질 걸 잊지 말아라고
윤기 흐르는
감나무 이파리가 그리 전합니다

# 당신에게 3

마음을 열고 바라보기 전에는
그냥
거기 놓여 있는 의자처럼 그랬습니다
무심코 바라보면
제자리에서
의젓하니 편해 보이던 당신
언제든 내가 와서 앉기를
사랑하게 되어서 비로소 알고
이제 당신에게 가는 내 걸음은
참으로 떨립니다
끝끝내 기다리고 계실 당신인 줄을 알기에
더더욱 걸음은 더딥니다
단지 의자만이 아닌 걸 이제는 아는데
마음을 닫고
그냥 의자처럼 바라보던 그때가
차라리 나았던 것 같음은 왜인지요

# 당신에게 4

열두 살 아이에게나 어울릴
손수건 한 장을 사온 날
네 귀퉁이 돌아가며 피어난 장미가 어여뻐
펼쳐 놓고 즐거웠습니다

아파트 담장에 얹힌
줄장미를 꺾어다 주던 당신

바스라지는 마른 꽃잎 상자에 담으며
꺾으며 즐거웠을 당신 마음
받으면서 눈물 삼키던 내 마음을 같이 담아
뚜껑 덮습니다

아무리 사랑이라고 외쳐도
남이 알면 부끄러운 마흔아홉의 흔적

장미는 빨리도 시드는 꽃이었습니다

# 새벽 성묘

비에 부풀어 산이 돌아눕는다
고무신 짤박거리며 가던 길에
패랭이꽃 곱게도 피고
희미한 달맞이꽃 향기
강은 흘러흘러 끝이 없는데
만장처럼 펄럭이는
나무 위 찢어진 검정 비닐
산도 구름도
여기 이 강물에 다 안겼는데
저만치 혼자 가는 사람
보고 싶어 목메는
윤유월 이 아침은
또 어느 물굽이에서 펄럭이라고
돌아보는 법 없이 당신은 그냥 가시는 건지
어느 먼 세상에 드셨길래
내 마음은 못 알아보시는지

# 추억을 다스리는 법

마음에 사무친 곳에는
세월이 한참 흐른 뒤에도
갈 게 못 된다
뺨에 스치던 바람
날리던 머리카락 눈에 선할 때
무너진 담
풀 우거져 길마저 사라진
그런 자리에는 더더욱 가지 말 일이다
웃음소리 목소리가 견딜 수 없이 그립다면
어디
물가에 앉아 한나절 울던가
술이라도 한잔 하는 게 차라리 낫지 않겠는가
바람 좋고 별 맑은
이런 가을날에는 더더욱

# 고맙습니다

수다이 오가던 이야기 속에
문득 눈 마주치면서
가슴 저릿해 올 때

돌아서 몇 걸음 가기 전에
다시 부르고 싶은
아까운 헤어짐의 때에

아프지 않으냐고
물어오는 낮은 목소리에
마음 한구석  뜨거워질 때

하늘 청명한 날이면
그냥 만나지거라 간절해질 때

고맙습니다, 고맙습니다

머리 허연 이 나이에
이처럼 느끼고 상하게 하는
살아 있는 가슴을 제게 주셨으니……

# 제3부

# 제대로 하기

몇 줄 써 놓고
앉았다 엎드렸다 거꾸로 들었다
못살게 했더니
종이가 화가 났다

손가락에 와서 앉은
살빛 밴드 한 장

그래
욕심 부리지 않고, 파나
똑바로 잘 다듬기로 했다

# 세상이 한 뼘은 더 커지다

걸어가다가 밥을 먹다가
자리에 누웠을 때 문득 생각나는
먼 나라 낯선 땅 낯선 길에서 만난 사람들
그이들도 나처럼 오늘
걸어가고 있겠구나, 밥 먹고 있겠구나
아니 자리에 들었겠다
보자기만 하던 내가 아는 세상
손지갑보다 조금 더 큰 내 눈 앞이
먼 나라 낯선 땅
스쳐 간 길 위의 사람들에게로 날아가
세상 어디선가 누구는 잠이 들었겠고
이별을 하였겠고
아파서 울고 있기도 하리라
어쩌면 갓 태어난 어린 것을 들여다보며 웃기도 하겠다
한 아름 넓어진 눈앞 세상
이 나이에 새삼 알면서 살맛 난다

# 어젯밤에 나는

하도 잠이 안 오길래 옥상엘 갔었어요
보름 지난 달이 퍽도 밝아서 그림자가 날 따라만 다녔죠
집집의 불들이 다 꺼졌을 거라구요?
전신주에 외등이 타듯이 몇 군데는 창이 환히 타고 있네요
부지런한 슈퍼 아줌마가 셔터를 내리면서 한숨 쉬었어요
그이는 피곤해서 한숨을 쉬고 나는 잠이 안 와서 쉬고
묵묵히 서 있으려니까 고양이가 어디로 가요
옆집의 개는 자나본데 고양이 목에는 사슬이 없어
아무데로나 가나 봐요
방범대원 아저씨 둘이 휘파람을 불면서 가요
길에는 차들이 씽씽 달리고
누군가의 대문이 떠들썩하더니 잘 가세요, 주무세요
왁자한 인사 속에 사라져 가요
쇳소리를 내며 문이 덜컥 닫혔어요
신발 끄는 소리도 그쳤어요
누군가 이 위를 올려다보면 얼마나 우스울까
택시가 멎더니 5호집 아저씨가 술에 취해 내리네요
돌아나가는 차의 불빛에 목련꽃이 환하게 드러났다 사

라져요

꽃들은 밤에도 깨어 있고 나무도 깨어 있고
깨어 있는 나는 잠이 들어서 그들의 말을 몰랐어요
달이 하도 밝아서 그림자만 깨어 있었죠

# 이런 날은

술 한잔 마시고 싶다
소주든 막걸리든 아무거나 괜찮으니
딱 한 잔만 했으면 좋겠다
절로 간다며
아침에 날아온 목소리
허허거리던 웃음 뒤에 숨은 눈물이
전화기 이쪽으로 콸콸 쏟아져
그만 숨이 콱 막혔는데
그래서 술을 좀 마셔야겠는데
눈을 치뜨며 꿈도 꾸지 말라는 마누라
아침마다
한 주먹씩 먹는 약은 간 곳 없고
나아졌다 더했다
미적거리며 늘 그 모양인 몸,
그 몸을 생각하라고, 조근조근 타이르는 아내는
한 오십 년 맘대로 먹고 마시고 혼자 즐거웠으니
당해 보라고
그럼 맘 밖에 아닌 것 같아 밉다, 너무 밉다
청명에 죽으나 한식에 죽으나
그게 그거지

여기서 무어 더 좋아질 게 있나
따악 한 잔만 먹었으면
죽어도 소원이 없겠는데
마누라는
오늘 종일 집에 있기로 했는지
시퍼런 츄리닝 바지 벗을 생각을
도대체 안 한다

# 내 아이가 맹자가 아니듯이

학교에서 다녀가라고 연락이 왔다
성적이 떨어진 것이 이유라고 한다
나보다도 더
내 자식을 염려하는 이가 있었구나
입 안에 고이는 쓴맛
그러나 그러나 말이다
공부란 놈은 하다가 못할 때도 있고
다음에 잘하면 되지
영비천 한 박스 사 들고 에미가 간들
애녀석이 환골탈태 오늘부터 달라질 건가
교정의 한구석에선 체육 수업이 왁자하고
기적처럼 잔디밭에
아이들이 모여 앉아 도시락을 먹는데
나는 잘난 내 아들 대신
한 시간 동안
꾸중만 듣고 돌아왔다

# 기도라고 이래서야

세상에 둘도 없는 내 아이, 잘 자라서
공부에 지칠 땐
견디도록 힘을 달라고 빌고
제 한몫 다하는 나이가 되어서는
좋은 짝 만나 밥벌이에 골몰한 세상
첫 걸음 잘 디뎌서 덜 고단하게 살아가기를 빌고
아이가 낳은 아이를 받아 안고는
고맙습니다, 고맙습니다
이리 이쁜 놈을 보게 하시니 고맙습니다
탐스런 뺨에 입 맞추며
탈 없이 잘 자라거라, 잘 자라라, 그러며
삼십 년도 더 된 소원 꾸러미 첨부터 다시 풀어
살짝 보탠다
너무 이쁘니 제가 좀 오래 보고 가면 안 될까요
그냥 좀 많이 오래 한참 더 보고 가면 혹 안 될까요
남을 위해서 한 번도
뜨거운 눈물 흘려 본 적 없는 인간이
얌치없이 이래도 되는지는 모르겠는데
그래도 한 이십 년 더 보고 가고 싶으니, 어쩌나

# 엄마, 엄마야

저물면 어김없이 돌아온다는
변함없는 나날이
내일도 모레도 언제나 있으리라 믿었기에
나가는 뒤통수에다 대고
뭐라고 구시렁거렸던 아침
그 아침이 다시는 오지 않을 줄
그때는 몰랐다
지쳐 땀 냄새 풍기며 돌아오는 니가
얼마나 복된 선물인 줄 모르고
무심히 받아들이던 나날
눈에 뜨이는 대로 나무라던 사소한,
참 사소한 그 잘못들이
이제는 다 괜찮은데, 괜찮은데
뼈까지 저린 물속
숨이 멎도록 날 불렀을 너를 위해
아무것도 할 게 없는 엄마는
날마다 몸이 떨리고 아프다
죄짓 듯 잠깐 눈 붙이는 사이
열 손가락마다 피를 흘리며 너는 찾아오는데
죽지 못해 받은 밥

밥알 하나하나가 나비가 되어
너를 안고 오면 좋겠구나, 에미는 운다
죄 많은 하루가 저물면
너를 만나는 날이 또 하루 당겨지고

꽃 피던 세월도 가고 이제는 여름인데
아직 차가운 물속
이제는 날개 달고
훨훨 날아오르면 안 되겠니
니 몸 만져라도 보게
멀쩡한 낯짝을 하고 뻔뻔한 저 바다
울음도 삼켜 버리는 저 잔인한 것을
다 마셔 그냥 죽여 버리고 싶다, 에미는
보고 싶은 내 아가
이제는 어디로 가야 너를 만나나

# 이리 바람 찬 날이면

너와의 일이 늘 그랬듯
너 새집 드는 날도 역시 어긋나
먼지 풀풀 나는 흙길
죽어라고 짖는 개 말고는
산목숨 하나 없는 외진 길을
타박타박 혼자 걸어 올라가던 날
한도 없이 굽어드는 산 아래 동네
봄 오고 꽃 피면
너는 이 탱자나무울타리를 지나
저 물에서 고기도 잡겠구나
디뎌도 발소리 나지 않는
걸어도 그림자 없을 너를 떠올리며
냄새도 색도 사그라진
탱자 한 알 쥐고 울며 가던 그 날
말 없는 니 앞에 놓으며
높은 달도 추운 그런 밤에는
산 아래
나 앉았다 간 자리
한 번 내려와 돌아도 보고
내 자는 방도 다녀가라고

시오리 길을 울고 가던 그날
돌이켜 다시 서러운
오늘은
바람이 몹씨도 차다
누운 자리 혹 찹지는 않느냐
손이 시린 나는 맘이 아픈데
언 몸을 어찌하고 너는 웃고만 있는지

# 원고 청탁

안녕하세요?
유 선생님 댁이지요?
지금 선생님 댁에 계세요?
왜 그러시오?
원고를 부탁드렸는데
아직 도착하지 않아서요
가가 우리 아들이요
죽은 지 한참 되었소
예?
삼 년 전에 쓰러져 누웠다가
간 지가 반년이 넘었는데
어찌 그걸 몰랐단 말이오?
더듬더듬,
죄송합니다, 저희가 너무 무심했네요, 죄송합니다
하나 외동아들인데
그거 죽고 나서 내가 사는 게 사는 기 아니라오
울먹울먹
할 수만 있다면 혀를 싹둑 자르고 싶었던 순간

# 호박

작업실 공터에 호박을 심었더니
끼니마다 호박 반찬만 올라온다고
가져가라고
반질반질 윤나는 모습이 이뻐
선뜻 받질 못하다가
올 때는 잊고 그냥 왔다
저녁상엔
또 볶고 삶은 호박이 올라가리라
천지가 좁다고 뻗어 가는
넝쿨을 잘라 버린다면 모를까
가난한 살림 상 차리는 이의 맘을 모르니
평생 그 반찬 면하기는 어렵겠다
돌아오는 길 내내 웃고 왔다

# 신태평가

한밤에
애국가가 나오도록 앉았다가
신문지로 때려죽인
바퀴벌레를 변기에 던지고 물 내리는
밤 한 시

빛나는 광역시의 변두리에
겨우
한 발을 들이밀고

남은 발 하나를
어디 따로 둘 데가 없어
가끔은
허공을 차기도 하며 살지만

바람에 펄럭거리는
아이 기저귀를 보며는 괜히 눈물 나고

밤늦은 한일로에서
합승 택시 하나 못 건지고 서 있을 때

우리 집 담장에
오늘 아침 줄장미가 피었지
그냥 해 보는 생각만으로 맘 흐뭇해지고

가끔은 쓰레기가 쌓여서 담을 넘어도
채송화 피어나 눈물겨운
우리들의 집

이 안 맞는 장롱 문짝을 고치고
마누라가 끓여 주는 라면을 먹는
오늘 같은 휴일엔

산으로 바다로
개미 끓듯 길이 붐빈대도
이냥 버러지처럼 먹고 자고

이따가 이따가
TV도 꺼져 가는 더 늦은 밤에
다시 생각해 보기로 한다
어떻게 살 건가를

# 빈자貧者 일기

보증금 칠백만 원의 반지하 셋방을 떠나던 밤
늦도록 야간작업을 끝내고
속눈썹 쳐들 기운도 없는 마누라와 짐을 싼다
헤어져 흐물거리는 비키니 장 속에선
잊어 버렸던 미제 파카 볼펜도 나오고
삼단 서랍장 뒤에서는 백동전 몇 닢도 나왔다
형광등 줄을 기둥 삼아
느긋하게 집을 지은 거미가
배 갈라놓은 생선 같은 살림살이를
심상하게 내려다보고 있다
무릎이 영 제자리로 돌아가지 않는 내 단벌 양복
옆에 나란히 걸린
지퍼가 틀어져 핀으로 꽂아 놓은 아내의 바지가
떠나가는 우리를 본다
창 앞에 서면
땅이 눈앞에 오고 고개를 비껴야 겨우 보이던 하늘
오늘은 별스레 별도 총총하고 어디서
버러지 우는 소리도 좋게 나는데
사 놓고 한 번 풀어 보지 않은 장롱 위
세신 금딱지 삼중 바닥 냄비

아내는 내일 새집에 가면 두부 넣고
돼지고기찌개를 끓일 것이라며
자는 아이에게 입을 맞추고
그 눈가에 문득 보이는 칼자국 같은 주름
피곤해서 죽을 기운도 없다던 아내는
보따리가 늘어 갈수록 부풀어 커져서
지상의 두 칸 방으로 날아가 버리고
자꾸 더워 오는 눈을 감추려
나는 천천히 금복주 뚜껑을 땄다

# 살맛

시어머님 제사 친정 엄마 생신
서울 종숙부 생신
동서 공연
그 많은 거창한 일 중에
비뚤비뚤한 글씨로 써 놓은
우리 엄마 생일
일에 치어 죽고 싶다가도
박하사탕 문 듯 환해 오는 가슴

# 옛집

물에 잠길 곳이라서
뜯어다가 낯선 언덕배기에 앉혀 놓은
시름시름 죽어 가는 집을
신발을 벗으시오, 팻말이 붙들고 있는데
늙은 여자 하나 찾아와
기둥을 만져 보고 문도 열어 보고
마루를 쓰다듬으며 눈물 훔친다
그을음 앉은 부엌에서
간고기 토막 구우며 살고 싶었다고
정 깊은 사내 만나 한세상 살고 싶었다고
닫힌 문 저쪽에서
가르마 반듯한 이마 치마끈 졸라매며 일어서는데
엄마, 부르는 소리에
갇혀 있던 세월이 놀라 후다닥 흩어지고
겨우 버티고 있던 기둥 하나
턱
쓰러지며 길을 막는 옛집, 그리운 어머니

# 낯선 고향

호적초본 한 통 떼러 가서
학교 운동장 느티나무 다시 안아 본다
이백 걸음이면 다 보는 우리 읍내
동근이네 돼지국밥을
손이 더덕 같은 할배가 맛있게 자시고
먼지를 덮어 쓰고 누운 별표 수세미 만물상회
오복 수리점 장 씨 아저씨는
왕왕대는 유행가 따라 부르며
금성 선풍기를 고치고 계신다
베토벤 피아노곡 앞에서
재잘대며 쏟아지는 아이들
세 번, 네 번 비닐 끈을 돌려맨 등짐을 메고
버스를 기다리는 안 노친네, 그 옆에
번쩍거리는 에스콰이아 핸드백을 들고 선
서먹한 나는
모두 아는 얼굴이고 전부 모르는 사람이어서
돌처럼 자꾸 길에 굴렀다

# 신호를 기다리며

전신주 꼭대기에 집을 지은 까치
아래서 올려다보면
때 묻은 애자 곁에 얽어 놓은 둥지가
알이라도 품을 땐
굴러떨어질까 어설프더니
어느 날 둥지째로 사라져 버렸다
온기 없는 시멘트 기둥에 집을 지었다가
쉽게도 버리고 떠나는 까치
오늘은 어디서
헤어짐 없는 아침을 맞고 있는지
바뀌는 푸른 불을 몇 번씩 보내며
해 보는 생각
사는 게 고달플 때면
그렇게 실없이 어리석어지나 보다

# 버스 배차제

이 차 어디로 갑니까?

갑자기
한 사람이 소리를 지른다

이 길 아입니까?

도리어 물어 오는 젊은 기사
가는 길도 채 모르고
운전석에 앉은 그 남자

금빛 나는
구멍 뚫린 토큰 하나를 넣고
가는 길을 맡긴 우리를 황당하게 한다

한 정거장을 숨겨 놓고 돌아서 온
그 사람 덕분에
낑낑거리며 온 집

이런 건 누가 만들었노?
따지는 걸 모르던 순진한 그때
팔이 무지 아팠던
힘없는 어느 대구시민 이야기

# 대한 남아

육 차선 도로
황색 두 줄 실선 위로
한 사내가 걸어가고 있다

낮 열두 시

안전모를 쓰고
한 손엔 랜턴을 들고
걸어가는 그 남자

지난해 모진 폭설에도 살아남고
낙석 주의 표지판 밑을
허다하게 지나도 다치지 않은
자랑스러운  그 사나이

이만 이천구백 볼트
고압선 아래
두 줄 황색 실선 위를
투덕투덕 걸어가고 있다

차들은
경적조차 삼가며
조심조심 비켜 갔다

# 지홍주

우리 동네 지산에는
지홍주가 산다

어깨끈 달린 청바지를 둘둘 걷어서 입고
왼쪽 가슴에
주소 적힌 이름표를 단, 삐삐 번호도 있는
마흔셋의 지홍주

이른 봄이면
개나리꽃 가지를 흔들며
네거리에 서 있기도 하고
길을 건널 때면 꼭 손을 번쩍 들고 가는
영영 자라지 않는 어른, 지홍주

아파트 담장의 장미를 보다가
나비를 쫓아가는 그는
세상일이 고달파 맘이 천근일 때
우리를 웃게도 하고
낮 기온이 삼십구도팔부까지 올랐던
지난 여름엔

종일 그네를 타고 놀아 맘 아프게 하더니

최고 기온 영하 육도인 오늘 아침엔
빨강 체크 무늬 머플러를
턱밑까지 바짝 졸라매고
부지런히
또 어딘가로 가고 있다

바람에 얼어
시퍼런 뺨에 환한 웃음 가득 담고서

# 물도 숨구멍을

물도 숨구멍을 남겨 두고
얼어간다

전에 나물에 탕에
쫓기면서
내 숨구멍은 세상 어디에 있나

방 가득 둘러앉은 사람들
몸 하나에
입 서너 개 달고 주세요, 주세요

받아 놓은 날이니
지나가겠지, 숨만 자주 쉬면 살아남겠지

칼 쥔 손에 힘이 들어가는
섣달 그믐날

캄캄하다, 세상이

# 새해 새날

선달 그믐날 인시
뚝뚝 떨어진 별들이 대웅전 뜰에 구르고
칼끝 같은 바람에 풍경도 제 소리를 잃었다
다시는 목숨 받아 나지 말게 하소서
꽃으로도 나무로도 말고
돌이 되게 하소서
선 채로 얼음이 되게 하소서
종 치는 마치 따라 같이 울고 선
서른아홉의 마지막 밤

# 제 **4** 부

# 솥단지를 닦으며

백만 원이 애 이름인
골동품 경매장
그냥 끼워 보낼 푼수밖에 안 되는
작은 솥 하나
삼만 원 내고 들고 와서
잘 먹은 검댕이가 좋은데
길 잘 든 이걸 버린 이유는 무얼까
압력솥 전기밥솥 다 제쳐 놓고
무쇠솥에 밥 앉히고 궁금한데
밥 푸고 잠시 한눈파는 사이
샤 일어나는 누룽지
예전엔 한가락 했다는 거지
늦게 첩살림하던 솥은 아니었을까
문득 드는 싱거운 생각
이마빼기 씻은 것 같은 숭늉은
벌써 다 끓었고
솥이나 나나 헛생각 그만, 할 일만 남았다

# 그 여름

다 사라지고
세 가지만 남았다

먹장구름, 누런 물, 나무
본모습이 어땠는지 까마득한
멀쩡한 저것

얼마나 무서운지는
아는 사람만 안다

# 마을 입새

여가
옛날에는 샘이었다 말이다

우물이었다고?
나는 들은 적이 없는데?

아이다
여가 우리 샘이고
이 마실에서
물맛 좋기로 소문났던 데다

그라나?

일제 시대 때
비행기 공출 안 바칠라꼬
집에 있는 놋그릇이란 놋그릇은
마카다 여 쏟아붓고
그라고는 끝인기라 영 못 파냈으이
그때 참 마이도 들이부었다 참말로

그라마 내일 우리 파 보자

대문 뽑아내고 담 허물고 땅 파자면
여사일 아니겠는데……

지나치던 이의
실없는 걱정이 깊다

# 재배再拜

헤임 기시는교
어서 오나라, 동상, 저임은 묵었나
야
그란데 니 꼬라지가 와 그 모양고, 어디 아푸나
아이시더 어지 갓바우를 갔다 왔디마는
디기 디네요
늙은 기 동삼 꽈 묵었나 거는 와 가노
초하리 보름 가던 기이 버릇이 돼나서
안 갈라카이 맴이 불편코
안 죽은 담에는 가야 안 되겠나 시퍼서 나섰디마는
밤새 죽는다고 앓았니더
자알했다, 누가 시기서 그란 것도 아이고
니 즐기 했는 일을 누구한테 칼끼고
죽을라카마 머언 짓을 몬 하노
참말로 다 늙은 기 미쳤제
후훗 그란데 햄이요 놀라지 마이소
어지 신광딕이도 같이 갔다 왔니더
뭐라, 그 딕이가?
거를 와 가노?
저번에 질에서 만나가주고 내 갓바우 간다 캤거던요

그카이꺼네 지도 거는 안 가 봤다고 카데요
그래 내 갈 때 귀경 삼아 따라갈라나 물어 봤제요
마리아 교회 댕기잖나 그 딕이가

그래 유명타꼬 기도빨 씨다고 내가 카이까네
함 가 보까 캐서 같이 나섰니더 왜요
디다 안 카더나
언지 그런 말은 엄꼬, 아이고 말을 마이소
내사 우스바서 배를 잡았니더
무신 일인강 혼자 웃지 말고 말을 해 봐라
약사여래한테 절하고 오이 이 사램이 없는기라요
오줌 누러 갔나
찾아댕기다 보이 법당에서 나오는기라
구경했는기요 카이까네
언지 빌었다 이랍디다
놀래가주고 뭐를? 빌었다고? 물으이까네
아 시험 붙게 해 달라꼬 빌었다 그캅디다
아이고 빌일이 다 쐈다, 그 집 아들아가 요새 놀제?
공무원 시험 친다꼬 삼 년째 공부하고 있잖는교
자석 잘되라꼬

섶을 지고 불구디도 들어가는 기 부모라꼬 말은 하더라마는
오죽 똥줄이 탔으면 그랬을라
그란데 그 사램이 빌 줄은 아는강?
내가 그 때문에 우스바서 죽는 줄 알았니더
뭐라꼬 빌었는기요 물으이까네
우리 아 오번에는 시험 좀 되게 해 달라꼬
돌보아 주십사꼬 캤제 그카디마는
절을 하기는 해야 되겠고
그래가
부채님은 돌아가신 분이니 두 번을 해야 옳겠다 시퍼서
돈 통에 마넌 넣고 재배했다 이라는기라,
아이고 시상에
내가 산 꼭두바이서 안 널쪄 죽은기 다행이시더
웃지도 몬하고
그카지 마라 얼매나 답답했시면 그랬을라
그 꼬장꼬장한 할마시가 부채님한테 다 빌고
부모 다린 데가 없다, 참말로
모리기는 몰래도
그래 비는 거를 부채님이 더 잘 들어 주실지도 모린다

안 글나 동상
맞제요
내 백날 댕기도
헛 기도했다 그 생각이 자꾸 듭디다
안동 권 아이라 카까 봐
죽은 사람인께 재배라 흐흣
니가 혼났을다 웃지도 몬하고
그케요, 양반은 어디가 달라도 다르디데이

## 저거밖에 없는교?

사람들 앉은 쪽을 힐끗 넘겨다보며
웬 남자가 주인을 찾는데
마누라는 아닌 듯 따라온 여자
뭐가 또 있을라꼬?
못마땅한 듯 거드는 바람에
여럿 앉았던 이들은 그만 입맛이 뚝 떨어졌다
옷에 물감이 묻고 입성이 초라하긴 해도
제 나름 이름난 글쟁이 그림쟁이들인지라
술잔 든 손에 힘이 들어가는데
어디 과수원을 밭떼기로 사고파는지
돈이 둥둥 떠다니는 그들 탁자에
재빠르게 불판이 놓이고
일인분 삼천오백 원 돼지 삼겹 쟁반도 왔다
지켜보던 나이 지긋한 누군가가
—야, 그런데 저 인간들도 저거를 먹는다
  우리 저것들을 꾸버버리자
이글이글 타는 숯불 위에 고기를 얹으며
던진 한 말씀에
왁자하니 웃음이 터지면서
품위 있는 사람들의 술자리는 다시 즐거워지고

버릇없는 그것들은
제 밥그릇을 비우느라 잠시 조용해지고
매상이 낫게 오른 주인도 행복해졌다

# 마음이란 것이

좋제?
내년에 또 오자
그때까지 우리 만나고 있겠나?
와 그카노
나는 어야든동
붙이 볼라꼬 애쓰는데
니는
끊을 생각만 하고
매달리도 시원찮구마는
—매달리도, 매달리도
찰싹 등에 업혀
세상 끝까지 가고 싶던 마음
어디로 갔는지
답이 안 나온다

# 맞아죽기 때늦은 어느 집 안방

아이구 발이 와 이리 제리노
설핏 잠이 들려던 남자
어디가 그렇노, 오른 발이가, 왼 발이가?
양쪽 다 그렇다
돌아누버 봐라, 그라마 개안아질 끼다
그걸 말이라고 믿고
돌아눕는 여자
그래도 저린데?
구마 이자뿌고 자라
자고 나면 싹 다 낫는다

# 사랑

늦은 밤
잠든 아이의 얼굴을
내려다본다

미끄럼틀에서 내려오던 웃음이
뺨 위에 머물러 있다

재잘대던 소리들은
머리칼 속에 숨어 나를 보고 있는가

—엄마, 비행기는 어떻게 가?
—엄마는 누나만 이뻐하고…

작은 발바닥을 감싸 쥐면
하루 내 밟고 다닌 땅이
가슴에 아릿하게 차오르는데

가만히 손대어 보는 고운 입술 위에
아직
다 잠들지 않은 맑은 소리 하나

—엄마, 나는 엄마가 제일 좋아!

## 우쥬 뱔샤

선잠 깬 아가를 안고 흔들며
우주로 갑시다
어느 나라로 갈까요?
해나라로요
거기는 너무 더워요, 후우후우
어디로 갈까요?
벼이나라요
거기는 바이짝바이짝
또 어디로 갈까요?
다이나라
거기는 시원해요, 흔들흔들
감빡하고
우는 걸 잊은 이쁜 아가

# 보는 대로

토실한 궁뎅이가 이뻐서
기저귀 갈 때마다 입 맞추고
우유 먹이면서 발 깨물었더니
아가는
엄마를 쫓아다니며 엉덩일 내리라 하고
자꾸만 아빠 발에 입 맞춘다
제발 애 보는데 그만 하세요
엄마도 아빠도 질색인데
조금만 더 하고 안 할게, 조금만 더
그냥 좋기만 한 할머니
자꾸만 미루신다
나중에, 나중에 하고

# 비기 베기 베개

아줌마가 서울 사람이라
아가들도 표준말을 배우면 근사하겠다
모두들 조심조심 베개라고 가르쳤는데
막 입을 떼기 시작한 아가들
아이고나, 비게라니
더 기막힌 건 그게
베기로 바뀌더니
나중엔 아예 비기가 되고 말았다
가르쳐 준 말 다 소용없고
아가들만 아는 말로
비기 비기라고 굳세게 외치고 다니니
그대로 둘 수밖에
덩달아 우리 혀도 편안해졌다

# 언제나 함께 계시는

막히는 고속도로
아홉 살짜리는 몸부림이 났다

달래려고 하던 끝말 잇기도
밑천이 드러났고
필요 없을 땐 잘도 생각나던
수수께끼 속담도 바닥이 났다

궁리 끝에
뜰의 콩깍지
깐 콩깍지인가 안 깐 콩깍지인가
빨리 말하기를 시켰더니
틀리고 빼먹고 토라지면서
그래도 안 한다는 소린 안 하고

이거는 도대체 누가 만들었어?

말씽 많고 성가신
얄궂은 보따리가 터트린 한마디에
세상 힘든 거 다 잊는다
하느님 참 애쓰셨다

# 이 땅의 매매춘

지하철 공사장 차도에 떨어진
좁다란 철판 하나
차 한 대 겨우 지나가는 길 한복판에
속수무책으로 누워 있다
더러
귀퉁이를 밟고 가기도 하고
바퀴 사이에 굴리다 가는 것도 있고
건드릴 때마다 죽는 소리를 내며 그것은 돌아눕는데
함께 자지러지면서
모두 못나게
집으로 가는 버스만 기다리고 섰다
날아가듯 달려가는 차들 밑에서
여직도 철판은
깔리고 밟히고 나뒹구는데

# 참 이상한 날

자정을 넘기면서
갑자기 안개가 짙어졌다
언덕 위의 성당 지붕이 맨 먼저 잠기더니
이내 사제관 창문도 희미해져 버리고
촘촘히 가로등 늘어선 사차선 길도 흐릿해졌다
차들만 두 눈을 부릅뜨고 지나가
누군가가 무슨 일을 꾸미는가
문 열고 보았지만
아무것도 알 수 없었다
바람이 건들 불면서 잠시 첨탑이 드러났다 사라지고
아래 파묻힌 가로등이 꽃처럼 아름다웠을 뿐
먼 길을 돌아 바다로 갔던 오늘
바람에 흔들리던 갈대들
어쩌면 그 풀들 나 따라 와서
저렇듯 천지를 감싸고 흔들고 있는 건 아닌지 궁금한데
낡은 시영주택 보안등 아래로
잠시 뻘밭이 지나가며
잘 지내느냐고
날 그리 짧게 보고 가더니 괜찮으냐고
참 이상한 인사를 하고 간다

# 오리 놀다 간 자리

하도 변두리라 황금동 대신
사람들이 황천동이라 불렀던 못 밑 동네
장화를 신고
한참을 걸어 나와야 버스종점이던 그 동네에
등대처럼 우뚝 서
한 몇십 년 집 찾는 길잡이가 되던
범어교회
마침내 허물고 빈터 되더니
몇 년이 가도록
문 굳게 닫혀 안 열리면서
비 오면 물 고여 출렁거리고
또 비 오면 웅덩이 생기고
그 물에 어느 날
철없는 오리 몇 마리가 놀다 가기도 하고
밤이면
보안등 아래 벌레들 새카만 저곳
저 누런 물에는
개구리가 있을까 없을까 나는 궁금했다

# 집으로 가는 길

비 오는 저녁 버스 안
딱 하나 비어 있는 자리에
젖은 몸을
황송하게 구부려 넣는다
비 쏟아붓듯 내리는
바깥은
차들이 사람들이
튀어 달아나느라 바쁜데
에어컨 쌩쌩 돌아가는
어깨 시린 차 안에서
마냥 행복하다
세상 끝까지 갈 것도 아니면서

# 빌다

풀잎 같은
여린 목숨 하나가
산소호흡기를 쓰고 링거를 꽂고
보이지 않는 목숨과 싸우고 있다
인공보육기에 들어 있는 아가들에 비하면
그래도 낫다 하면서도
기차역 대합실 같은 썰렁한 방
낡은 포대기에 돌돌 싸인 풀이파리 같은 어린것을
바라보기만 할 뿐
유리창 너머에서
눈물밖에 없는 가여운 어미가 보고 섰는데
이리 하시면
그냥 바로 저를 드리면 안 될까요
저 어린 것을 대신해서 그러면 어떨까요
같이 빌다가
허물 많은 몸뚱이 평생 지은 죄가 길을 가리는 걸 안다
할 수 있는 일이 아무것도 없는
이런 막막함이라니
붙들고 매달릴 발 하나 마련 못 하고
참 자알 살았다, 한 세상

# 징검다리 건너자면

언제나
발 하나를 한껏 뻗어 디딘 다음에
나머지 발 하나를
철썩 가져다 붙여야 했다
걸음은 늘 절름거리기 마련이었고
어지러이 뱅뱅 도는 눈 아래 물
벗어나기 바쁘다가
어느 날 생각 없이
가던 걸음 그대로 올라섰더니
세상에나 두 발이 편안히 같이 간다
사는 일이 이런 거구나
사랑도 이러면 참 좋겠다
성급했던 젊은 날
다시 산다면
숨소리 안 내고 살짝 다가가서
그냥그냥 이쁜 짓만 하겠다
달 밝은 물가 생각 어지러운 앞을
그림자 막아서며
가던 길이나 그냥 잘 가라고

늦게 깨우친 아무 쓰일 데 없는 지혜
달 누운 물에다
버리고 그냥 가라고 일러주고 간다

# 현대공원묘지

하늘은 환장하게 푸르고
바람은 초록으로
무덤 사이를 빠져 나갔다
시들지 않는 색색의 꽃들을 꽂고
죽은 자들의 편안한 집
사이에
웃고 있는 젊은 얼굴 하나
한 오라기 향불을 타고 하늘로 가는데
그만 놓아 주라고, 그만 하라고
뒹굴며 숨마저 끊기는 몸을
죽은 이가 달래는데
남의 집에 온 우리들은
방금, 국밥 한 그릇 맛있게 해치우고
이마의 땀을 닦는 중이다

# 혼자 가는 길

달도 없는 길이었다
원통하다고
붙들고 울 사람도 없는 길이었다
차라리 죽여지이다
철없는 하소연을 앞세우고
걸어 걸어
이제 나는 내리막
여전히 달도 없는 캄캄한 밤이지만
가다가 네 발톱 짐승들도 만나겠지만
서른 전 내놓았던 목숨
그거 아직 남았으니
이제는 무슨 일 생겨도 울지 않는다
든든하다

해설

# 겸허한 자기성찰, 승화된 사랑법

이 태 수 〈시인〉

해설

# 겸허한 자기성찰, 승화된 사랑법

이 태 수 <시인>

i ) 구양숙의 근작 시들은 여전히 일관성을 유지하면서도 필연적인 구도 속의 완만한 변모變貌와 원숙한 경지를 새롭게 일구는 진화進化의 모습을 보여 준다. 세상과 사물을 바라보는 시선이 한결 부드럽고 푸근해졌다. 발랄하고 거침없는 언어행진이나 분방奔放한 상상력과 유장悠長하고 활달하던 구어체 구문들도 눈에 띄게 정제되고 세련도가 높아졌다.

특히 사랑을 주제로 한 일련의 시편들은 역시 「가시리」보다 애절한 경우도 없지는 않지만, 변화의 궤적을 뚜렷하게 떠올린다. 오랜 세월 동안의 고통과 갈등, 좌절과 방황이 체념과 관용, 일말의 미련과 그리움의 정서로 변용變容되고 있는가 하면, 삭이고 무르익어 승화昇華된 사랑법이 두드러지는 양상을 보이기 때문이다.

일상적 현실에서 마주치는 사물이나 풍경들은 겸허한 자기성찰自己省察로 귀결되는 마음의 그림으로 형상화한다. 사소한 것들에서조차 위안과 행복을 발견하는 한편 토속적·향토적 서정에 천착하는 사투리 시를 통해서도 마음의 본향으로의 회귀回歸를 꿈꾸며 특유의 희화적戲畵的 언어와 질박하게 눙치는 어조 구사로 또 다른 개성을 강화해 보인다.

ii) 세월은 '흐르는 물'(流水)과 같다고 했던가. 바라봐야만 할 뿐 그 누구든 그 흐름을 막거나 붙잡을 수 없다. 「젊은 날」에서 시인은 세월 저편의 지난 시절을 "생긴 대로 / 온몸을 쭉 뻗고 / 날개 가지런히 펼쳤던 / 깃털구름"과 "파란 하늘"에 비유하며 성찰한다. 그러나 어느덧 파란 하늘과 거기서 날갯짓하던 구름들은 거의 사라지고 "송사리만한 구름 / 서너 개만 남"았으며, 그 사라짐도 "금세"였다고 '저무는 하루'에 빗대어 처연히 되돌아본다.

그 아쉬움이 오죽하면 "이럴 줄 알았으면 / 미리 / 한 조각 오려 둘 걸 / 참 잘못했다"는 '부질없는 생각'까지 하게 됐겠는가. 그래서 머리카락이 빠진 만큼 "가벼워진 몸"(「세월은 간다」)이라는 역설逆說을 하게 되고, 병病에도 자유롭지 않은 처지의 '나'가 없어도 상관없이 세상은 그대로 돌아간다는 소외감에 빠져드는지도 모른다.

약에 찌들어
치켜뜨기도 힘든 눈에 들어오는
나뭇가지,
울툭불툭 터지는 꽃눈
봄이 왔다, 나 없이 꽃도 폈다

—「세월은 간다」 부분

생동하는 봄 풍경과 찌든 '나'의 대비를 통해 세월이 안겨주는 회한悔恨을 떠올리는 이 시에서 뿐 아니라 서방극락정토西方極樂淨土의 부처인 아미타여래阿彌陀如來마저 "고단한 기도보다 못해 / 흔적 없이 가벼워진 몸으로 산을 넘어"(「산벚나무」)간다고 시인의 내면으로 끌어들여 바라보는가 하면,

두 발에 뿌리 내린 듯 합장하고 선
늙은 공양주 보살
올해는 꽃이 참 많이도 왔다고

—「산벚나무」 부분

아미타불을 우러르고 극락정토를 희구하는 늙은 공양주供養主 보살도 흐드러진 벚꽃들을 바라보는 심경을 화자의 내면으로 끌어당겨 자아화自我化(주관화)한다. 이같이 시인의 서정적 자아는 회한과 무상감無常感으로 얼룩져 있어 어떤 대상(세계)이든 그런 빛깔로 자아화해 바라보게 마련이다. 심지어는 “한 해가 바뀌고 새날이 온다는 건 / 레이스 화려한 속옷 낡아가듯 / 남모르게 부끄러운 일이 쌓여 가는 것”(「저무는 나이」)이라는 자괴감에 빠질 정도다. 세월의 흐름은 자신의 내면까지 낡게 하며 부끄러운 일이 쌓이게 한다고 느끼는 시인에게 철늦게 피는 꽃들이 예사로 보일 리 없다.

「모룰 일」에서는 추석이 가까워 오는데 익은 호박들을 몇 차례 따낸 밭에서 자꾸 피는 호박꽃을 보며 “서리 생각 않는 어리석음”을 딱하게 여긴다. 더구나 “사람이나 미물이나 다를 데가 없다”는 마지막 구절에 이르면 사람들의 그런 어리석음을 ‘모를 일’이라고 그 초점이 옮아진다.

부끄러움을 모르는 사람들을 향해서는 그보다도 더 강한 어조의 비판이 가해진다. 가로수인 은행나무에 물 한 번 안 준 사람들이 그 열매를 따려고 나무둥치를 두들겨 패 흠집을 내는 무례無禮를 겨냥해 “말 없는 나무 / 새끼 품은 것이 무슨 죄라고 // 말짱한 내가 / 부끄러워 얼른 길 건너간다”(「원죄」)고, 자신의 부끄러움을 앞세우면서 수오지심羞惡

之心을 일깨운다.

하지만 자연에 순응順應하며 그 순리에 따라 가는 길에서 마주치는 세월과 인생의 무상감에도 불구하고 가야 할 길은 여전히 멀며, 그 길 위에서 조우하는 느낌들에도 빛과 그늘들이 여러 가지 양상으로 교차되고 있다.

막 모내기를 끝낸 논에
새 한 마리 섰다
눈 밑 푸르스름한 중대백로
저기 무엇이 있긴 하나?
긴 모가지를
외로 꼬고 선 쓸쓸한 뒤태
얼마나 먼 곳에서 날아와
저리 기다리고 섰는가
집으로 가기도
그냥 머물기도 맘 안 내켜
망설이는
갈 길 먼 나를 붙드는
흰 새 한 마리

—「대승사 가는 길」 전문

이 시는 산사山寺로 가는 길에서 만난 중대백로 한 마리가 자신을 돌아보게 할 뿐 아니라 자신과 함께 겹쳐 들여다보게 한다는 심상풍경心象風景을 떠올려 보인다. 모내기가 막 끝난 논이라면 먹이가 거의 없을 텐데 멀리서 온 듯한 백로가 긴 모가지를 외로 꼬고 서서 기다리는 정황을 그리지만, 기실은 산사를 찾아가는 내면의 모습을 포개어 바라보는 마음의 그림이 아닐 수 없다. 산사로 가고 있는 자신의 처지도 뒤태가 쓸쓸하기는 한가지이고, 뭔가를 얻기 위한 기다림도 피차 마찬가지이며, 온 길로 가기도 그냥 머물기도 망설여지는 행위 역시 한가지일 것이다. 그렇기 때문에 백로가 "갈 길 먼 나를 붙드는"가 하면, 자신이 백로에게 붙들려 있게 되는 게 아닐는지. 그러나 다른 산사로 가는 길에서는

> 산다는 일 새롭게 아는 여자
> 저무는 풍경에 눈 젖으며
> 물처럼 지나가자고
> 가만가만 흘러가자고
> 하염없이 서 있다
>
> —「은해사 가는 길」 부분

고, 산사로 가는 길 위에 하염없이 서서 저무는 풍경 속에서 삶의 의미를 새롭게 되새기듯 흐르는 물처럼 조신操身하게

가자고 마음 다잡는 심경을 내비친다. 이 깨달음과 다짐의 바탕에는 흐르는 물에 떠밀리듯이 "해오던 대로 그저 걸어갈 밖에는 / 별수가 없다"는 체념과 순응의 논리도 전제돼 있다.

일상에서 마주치는 사물이나 풍경에 대해서도 시인은 겸허한 자기성찰로 귀결되는 마음의 그림들을 그려 보인다. 비 내리는 창밖 풍경을 묘사하면서 "눈 대신 / 조심조심 내리는 겨울비 // 그 많은 비둘기들은 어디로 갔나 / 세상이 참 조용하다"(「비 내리는 날」)고 한다. 이때의 겨울 풍경은 그 풍경 자체라기보다 시인의 심상 풍경인 듯하다. 빗물이 얼지 않고 내리고 떼 지어 있던 비둘기들이 안 보이는 정경을 시끄러운 세상과 달리 평온하게 느끼는(세상이 조용하기를 바라는) 시인의 마음이 오롯이 투사投射되고 있기 때문이다.

강인한 생명력에 대한 예찬도 시인이 바라는 바 내면의 반영反映이라는 점에서 같은 맥락으로 읽힌다. 돌보지 않아도 피는 초롱꽃들을 보면서 "엄마가 돌보지 못해도 / 저희들끼리 어우러져 피고 지는"(「버려진 것들은 강하다」) 모습을 부각시키거나 잡풀이지만 '이름만 이쁜' 오랑케꽃을 두고 "넓은 자리에 제 맘먹은 대로 / 소록소록 크는 걸 보는 재미"(「잡풀」)를 느끼는 것도 생명력에 대한 예찬이라 할 수 있다.

한편 「겨울 풍경」에서 겨우내 대추나무에 걸려 펄럭이는 방패연 하나를 그 시간만큼 자란 아이와 함께 "하늘로 가는 꿈을 꾸면서 / 겨우내 펄럭이고 있다"거나 「지산에 내리는 눈」에서 "눈보라 속에서 반짝이는 붉은 십자가"를 홀로 깨어 우리를 부른다는 대목도 마찬가지 맥락이다. 생명이 없는 사물에도 활유법으로 생명을 부여하고 있다. 특히 '붉은 십자가'는 인간의 죄를 대신했던 예수의 아가페적 사랑의 상징이며, 부활復活 이미지를 내포한다.

iii) 구양숙은 첫 시집 『봄날은 간다』에서 『누구도 아닌 당신에게』, 『사랑은 늘 목마르다』를 거쳐 이 네 번째 시집에 이르기까지 '사랑'을 주제로 한 시에 적잖은 무게를 싣고 있다. 그 빛깔과 무늬는 고통과 갈등, 좌절과 방황에서 체념과 관용, 미련과 그리움으로 점차 승화되는 궤적을 보여줘 시인의 사랑법이 그만큼 원숙해졌다는 방증傍證으로 읽힌다.

하지만 이번의 사랑 시들 역시 고려가요 「가시리」보다 애절한 빛깔을 띠는 경우도 없지 않다. 사랑하는 사람과의 이별 장면을 그린 「동대구발 14시 28분」에서 화자는 차마 이별하기 싫어 기차역까지 따라가서도 열차가 떠나는 걸 봐야겠다고 떼쓰는가 하면, "유리창에 내리는 나무 그림자"를 바라보며 새끼손가락 내밀고 서 있기도 한다.

「보내고 오는 길」에서는 "울음도 흠이 될까 / 고개 꼿꼿이 들고 돌아서는데 / 저무는 천지에 서럽게 밤은 오고 / 당신이 안아 주던 어깨에" 무심히 '세상의 비'가 내리는 아픔에 젖기도 한다. 이 같은 이별의 서러움과 아픔은 사 모은 목걸이를 하나씩 걸어 보게 하는가 하면, 그러다가 그 사람이 다시 오면 목걸이들을 "그 목에 단단히 감아 / 영 못 가게 하려던 못난 내가 / 거기 있다"(「맘 밑바닥」)고 자신의 마음을 자학적自虐的으로 들여다보게 한다.

> 자를 수도 풀 수도 없는 이 매듭은
> 내 뒤에 숨은 나를 영 몰라보는 당신을
> 아닌 척
> 그러면서 한없이 기다리다가
> 절로 툭 끊기는 날 오면
> 혹 그런 날 오면
> 안아 주는 당신한테 매달려
> 못 가게 붙잡을지도 모르겠다, 바보가 되어서
>
> —「마른 나팔꽃 줄기」 부분

마른 나팔꽃 줄기가 엉킨 것을 보면서는 이처럼 자를 수도 풀 수도 없는 매듭을 떠올리며 "바보가 되어서"라도 기다림 끝에 절로 그 매듭이 끊기는(풀리는) 날이 오면 “못 가게 붙잡을지도 모르겠다”(붙잡겠다)는 생각을 하기도 하고, “물이 흘러가는 것을 어찌 바꾸랴”(「강물 같은 사랑」)면서도, “당신 닮은 강물에 손 담그며 허전한 / 오늘은 / 눈 내리는 일요일, 내일은 경칩”(같은 시)이라는 대목이 말해 주듯, 인동忍冬하면서 날이 풀리는(사랑이 회복되는) 때를 기다리는 마음을 제어하지 않는다.

이 기다림과 그리움은 “어느 것에다 겹쳐 보아도 / 투명해져 버리는 / 맑은, 맑은 눈빛 하나가 / 아직 남아 있기 때문”(「당신에게 1」)이며, “금세 잎도 지는 때 오니 / 바람 속에 흩어질 걸 잊지 말아라고 / 윤기 흐르는 / 감나무 이파리가 그리 전”(「당신에게 2」)해 준다고 여기기 때문이기도 할 것이다. 더구나 의자처럼 느껴지던 ‘당신’이

> 단지 의자만이 아닌 걸 이제는 아는데
> 마음을 닫고
> 그냥 의자처럼 바라보던 그때가
> 차라리 나았던 것 같음은 왜인지요
>
> —「당신에게 3」 부분

라는 회상을 하거나 “아파트 담장에 얹힌 / 줄장미를 꺾어

다 주던 당신”(「당신에게 4」)을 떠올리며 “아무리 사랑이라고 외쳐도 / 남이 알면 부끄러운 마흔아홉의 이 흔적 // 장미는 빨리도 시드는 꽃”(같은 시)이었다는 절망감에 빠져들 때도 없지 않다. 그러나 사랑의 추억이 서려 있는 공원을 생각이 날 때마다 가 보면서

서랍에서 잠자고 있는
마른 꽃봉오리 하나가 그저 슬펐을 뿐
흔적이 배인 것은
모두 불살라 버리고
칼로 잘라도 끊어지지 않는 기억만이
내 안에 숨어 있다가
가끔씩
아주 귀하게 꿈속에 나타났다
죽음을 오래오래 생각해 보며
그래도 살아서 다시 만나진다면,
그랬으면 좋겠다
머리가 허연 나이에도
사랑이란
어리석기 끝이 없었다

—「그 공원 나무 아래 그 자리」 부분

고 '어리석은 사랑'을 한탄하면서도 그 미련을 완강하게 붙든다. 사랑의 기억은 아무리 지워도 잠재돼 있다가 꿈속에까지 나타나며, 다시 만날 수 있는 날을 희구希求하는 마음은 마흔아홉에서 머리카락이 허옇게 된 날까지도 바꾸지 않기 때문임은 말할 나위가 없을 것이다.

대중가요 '립스틱 짙게 바르고'의 제목은 물론 그 내용까지 차용해 그런 심경을 토로한 「립스틱 짙게 바르고」, "보고 싶어 허기진 맘 끝에 / 살아나는 서러운 이름 하나"를 못 잊어 그리워한다는 「가을 길」, "고맙습니다, 고맙습니다 // 머리 허연 이 나이에 / 이처럼 느끼고 상하게 하는 / 살아 있는 가슴을 제게 주셨으니……"라는 반어법(역설)의 「고맙습니다」 등도 같은 뉘앙스의 절절한 사랑시다. 그런가 하면, 사랑하는 사람이 자신을 기억해 주기를 바라는 심정을 담은 「단풍」은 단풍잎들을 고층아파트로 환치해 그 사람이 있는 아파트를 더듬어 찾으며

창 안의 그리운 그대
문 안에서도
나무 이파리 어지러운 이 길이
잘 보이시는지

그 잎들 숱하게 떨어져 누운 속에
내 머리에 꽂았던
이쁜 핀 하나 숨은 걸
혹 보고 계시는지

—「단풍」 부분

라고, 낙엽이 지듯 하는 서러운 마음과 그 마음에 낙엽들 속에 숨은 자신의 머리핀 하나(사랑하는 사람의 선물)를 봐 주기 바라는 기대감을 얹어 놓으며, 「우리 아주 나중에」에서는 기억력도 쇠잔衰殘해 버린 나이가 돼도 숨넘어가게 다정하던 목소리 등 사소한 기억이 나면 "서로가 / 참 깊이도 깃들었던가 보다 / 비로소 알게" 되기를 기대하는 미련을 붙잡기도 한다. 하지만 가까스로

저무는 나이 끝에 선 지금은
그냥 한 번
길에서 우연히 만나지기라도 했으면

그런 마음만이
새로 떠오르는 초승달처럼
조그마하게 남아 있습니다

—「옛 그림자」 부분

라고, 체념 어린 자리로 물러서면서 우연히 만나기라도 하고 싶은 마음을 '다시 커질 수 있는 가능성'으로 열리는 "새로 떠오르는 초승달"에 실어 보기도 한다. 첫 시집의 표제시 「봄날은 간다」를 연상케 하는 「죄 없는 봄꿈」은 옛날 사랑하는 사람 같이 꽃 한 송이 꺾어 줄 사람이 없어 스스로 꺾고 가지며, 젊은 부부 시절로 되돌아가고 싶어 "이 허전한 시절에 / 꽃이 폈다고 / 그 말 / 헛말이라도 전해 주는 사람이" 있기를 바라고 있다.

이 같은 마음자리에는 "성급했던 젊은 날 / 다시 산다면 / 숨소리 안 내고 살짝 다가가서 / 그냥그냥 이쁜 짓만 하겠는데"(「징검다리 건너자면」)라는 후회와 "달 밝은 물가 생각 어지러운 앞을 / 그림자 막아서며 / 가던 길이나 그냥 잘가라고"(같은 시) 하는 깨달음이 겹쳐져 있다. 이렇게 볼 때 구양숙의 사랑시들은 좋았던 시절의 반추에 여전히 연결고리를 달고 있으면서도 승화와 진화의 길을 부단히 펼쳐낸다고 할 수 있을 것이다.

ⅳ) 시인도 일상의 애환哀歡을 정면으로 받아들여야 하는 생활인이며, 세속世俗사회의 사람들과 그 밝음과 어둠(그늘)들을 더불어 아파하고 나누며 살아가야 한다. 현실 속에서는 늘 사랑의 결핍缺乏뿐 아니라 안팎의 아픔들과 마주치며

살아가지만, 때로는 사소한 일에도 위안을 얻고 행복을 찾는다.

비 오는 저녁 버스 안
딱 하나 비어 있는 자리에
젖은 몸을
황송하게 구부려 넣는다
비 쏟아붓듯 내리는
바깥은
차들이, 사람들이
튀어 달아나느라 바쁜데
에어컨 쌩쌩 돌아가는
어깨 시린 차 안에서
마냥 행복하다
세상 끝까지 갈 것도 아니면서

—「집으로 가는 길」 전문

귀갓길 버스의 단 하나 남은 좌석에 앉아 비가 쏟아지는데도 차창車窓 너머 바쁘게 돌아가는 세상을 목도하면서 잠시나마 행복감에 젖는 모습을 보인다. 비슷한 '살맛'은 일에 치어 죽고 싶을 정도로 바쁜 일상 속에서도 어머니의 존재를 생각하는 마음 탓으로 입에 박하사탕을 넣었을 때와 갈

이 화하게 가슴이 환해지게 해 준다는 것이다.

시어머님 제사 친정 엄마 생신
서울 종숙부 생신
동서 공연
그 많은 거창한 일 중에
비뚤비뚤한 글씨로 써 놓은
우리 엄마 생일
일에 치어 죽고 싶다가도
박하사탕 문 듯 환해 오는 가슴

—「살맛」 전문

시인은 해외여행을 하면서도 "보자기만 하던 내가 아는 세상 / 손지갑보다 조금 더 큰 내 눈앞이 / <중략> / 한아름 넓어진 눈앞 세상"(「세상이 한 뼘은 더 커지다」)으로 늦게나마 확대된 시야에 대한 기꺼움을 "이 나이에 새삼 알고 가니 살맛난다"(같은 시)고까지 비약시킨다. 그러나 세상은 따뜻하고 행복한 곳이지만은 않다. 갈등과 고난으로 얼룩졌던 젊은 시절은 더욱 그랬다.

다시는 목숨 받아 나지 말게 하소서
꽃으로도 나무로도 말고

돌이 되게 하소서
선 채로 얼음이 되게 하소서
종 치는 마치 따라 같이 울고 선
서른아홉의 마지막 밤

—「새해 새날」 부분

삼십대의 마지막 밤에 불혹의 새해를 기다리는 심정을 담은 시로 가히 절규에 가깝다. 그 시절에는 앞날이 어두워 이 같은 절규를 할 수밖에 없었겠지만, 상대적으로는 그 반대 방향의 길을 갈구하는 농도가 그만큼 짙고 절실했음도 말해 주는 것으로 보인다. 역시 오래된 일이지만, 성적이 떨어진 아들 때문에 학교에 불려가 한 시간 동안 꾸중만 듣고 돌아와서 맹모삼천孟母三遷의 교훈을 떠올리며 시니컬하게 역逆으로 자책하는 「내 아이가 맹자가 아니듯이」, 나 어려운 가정 사정에도 오매불망 자식 생각을 하던 시절을 회상하는 「이리 바람 찬 날이면」, 역시 자식을 기르며 잘되기만 바라던 감정과 자식이 아이를 낳아 오래 보고 싶은 심정을 담은 「기도하고 이래서야」 등도 삶의 애환을 되짚어 떠올리는 경우들이다.

하지만 이제 시인은 그 갈등을 넘어 한결 너그러운 마음을 찾고 있으며, 시선과 마음이 외부(주위)로 열릴 때도 휴머니

티를 대동한 연민을 확산한다. "풀잎 같은 / 여린 목숨 하나가 / 산소호흡기를 쓰고 링거를 꽂고 / 보이지 않는 목숨과 싸우"(「빌다」)는 장면을 보면서 "그냥 바로 저를 드리면 안 될까요 / 저 어린 것을 대신해서 그러면 어떨까요"라는 절박한 아가 어머니와 마음을 함께하는 것이 그 한 예다.

추억 속의 고향을 떠올리거나 어린 시절을 반추하는 경우는 한결 푸근하고 너그러운 마음을 대동한다. 고향 옛집은 "그을음 앉은 부엌에서 / 간고기 토막 구우며 살고 싶었다고 / 정 깊은 사내 만나 한세상 살고 싶었다고 / 닫힌 문 저쪽에서 / 가르마 반듯한 이마 치마끈 졸라매며 일어서"(「옛집」)던 옛꿈이 어른대는 곳이며, 어머니가 그리워지는 곳으로 자리매김하고 있다.

시인이 굳이 어린 시절의 사투리를 그대로 재현하면서 토속적이고 향토적인 정서를 질박하게 길어 올려 보이는 것도 고향(마음의 본향)으로 회귀하고 싶은 심정과 무관하지 않은 것 같다. 몇몇의 사투리 시는 멀어진 옛날을 향한 그리움을 짙은 향토색으로 떠올려 줄 뿐 아니라 특유의 희화적인 언어와 능치는 어조 구사로 이채를 띠며 읽는 재미도 안겨 준다.

아이구 발이 와 이리 제리노

설핏 잠이 들려던 남자
어디가 그렇노, 오른발이가, 왼발이가?
양쪽 다 그렇다
돌아누버 봐라, 그라마 개안아질 끼다
그걸 말이라고 믿고
돌아눕는 여자
그래도 저린데?
구마 이자뿌고 자라
자고 나면 싹 다 낫는다

—「맞아죽기 때늦은 어느 집 안방」 전문

안방의 잠자리에 든 부부의 대화를 구어체 경상도 사투리로 부각시킨 이 시에서는 아내(시인 자신이 아닐는지)가 발이 저리다고 하자 졸던 남편이 어느 발이 그러냐고 묻는다. 두 발이 다 그렇다고 하니 돌아누우면 괜찮을 거라는 남편 말을 믿고 아내가 돌아눕는다. 그래도 저리다고 하자 그만 잊어버리고 자고 나면 완전히 낫는다는 이야기를 담고 있다. 사투리가 빚는 묘미도 이채를 띠지만 대화 내용은 더욱 그렇다. 사실 발 저림은 시간이 흐르면 저절로 나을 수 있겠지만, 대화를 희화적으로 엮은 시적 구성이 각별한 맛을 증폭시키며, 그런 시도를 하는 시인의 발상 역시 돋보인다. 「마음이란 것이」, 「마을 입새」, 「재배再拜」, 「저거밖에 없는교?」 등도 같은 맥락의 시다.

동심의 나라에서 아기(어린이)에게 사랑을 끼얹거나 아이 키우는 재미를 동화적인 발상으로 신선하게 형상화한 「우쥬 뱔샤」, 「보는 대로」, 「비기 베기 베개」, 「언제나 함께 계시는」 등도 시인 특유의 언어 감각과 구어체 문장의 묘미를 돋우어낸다.

아무튼 구양숙은 생활인으로, 시인으로서 '지금·여기' 주어진 길을 가야겠지만, 「제대로 하기」에서의 다짐대로, 앞으로 '혼자 가는 길'이 설령 달빛도 없고 사나운 일을 완전히 비켜설 수 없는 길일지라도, 다음의 시에서 완강한 결기를 보여 주듯이, 든든하고 순탄한 '마음의 길'도 될 수 있기를 바라마지 않는다.

달도 없는 길이었다
원통하다고
붙들고 울 사람도 없는 길이었다
차라리 죽여지이다
철없는 하소연을 앞세우고
걸어 걸어
이제 나는 내리막
여전히 달도 없는 캄캄한 밤이지만
가다가 네 발톱 짐승들도 만나겠지만

서른 해 전 내놓았던 목숨

그거 아직 남았으니

이제는 무슨 일 생겨도 울지 않는다

든든하다

—「혼자 가는 길」 전문

■ 그루 현대시인선 16

# 세상이 참 조용하다



**초판 1쇄 발행** 2018년 10월 9일

**지은이** 구양숙
**펴낸이** 이은재
**펴낸곳** 도서출판 그루

**출판등록** 1983. 3. 26(제1-61호)
42452 대구광역시 남구 큰골 3길 30
TEL (053)253-7872 FAX (053)257-7884
E-mail / guroo@guroo.co.kr

값10,000원
ISBN 978-89-8069-388-7